LA ES|

MW01113513

Mama,
¿cómo?

Autores: Ch. Touyarot y M. Gatine.
Ilustración: L. Berchadsky
Adaptación y coordinación editorial:
    Carmen Rodríguez Eyré.
    Emilia Hernández Pérez-Muñoz.

Edita desde 1866

Magistério

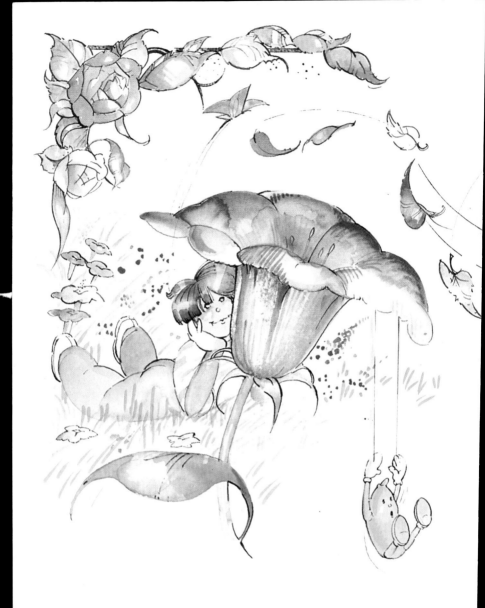

"Mamá, ¿cómo crecen
las flores?"
— "Imagínate una semilla
que cae...

...y el viento la tapa
con hojas y tierra.

En invierno se queda escondida.
Pero sigue viva
debajo de la nieve.

Cuando llega la primavera,
la semilla se hincha,
y le sale un tallo muy pequeño.

Ya no hace tanto frío.
El tallo sale tímidamente,
fuera de la tierra.

Después, aparecen las hojas.
Ahora ya hace calor
y el tallo crece más deprisa.

Muy pronto
aparece un botón verde
que se hincha,
y estalla...

...y una flor maravillosa
abre por fin
sus pétalos de colores."

— "Mamá, ¿cómo crecen
los árboles?"
— "Como las flores, pero tardan más.

Primero nace un arbusto.
El arbusto crece.
Crece hacia la luz del sol.

Cuando recibe la luz,
se desarrolla muy deprisa.
Muy pronto los pájaros
se posan en sus ramas.

Después se hace un gran árbol.
Los pájaros construyen en él sus nidos.
Las ardillas suben y bajan por su tronco."

— "Mamá, ¿por qué crecen?
¿Comen como yo?
¿Beben como yo?"

— "No, las plantas no tienen boca,
sino raíces y hojas.
Las alimenta la tierra,
y el agua de la lluvia
y la luz radiante del sol."

una semilla

el sol

un arbusto

las hojas
del árbol

una ardilla

un manantial